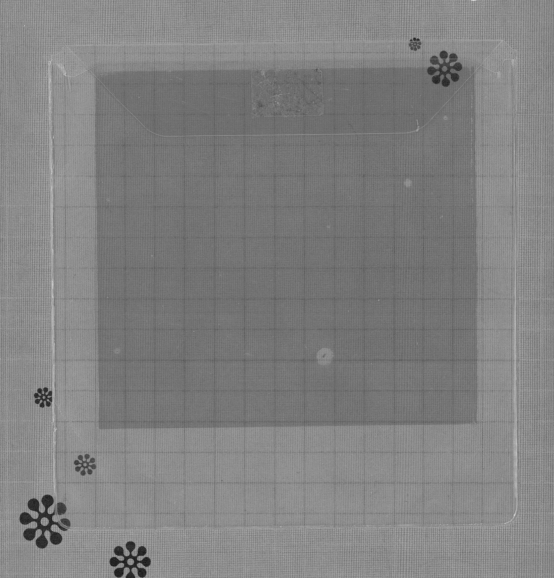

Chers parents,

Votre enfant est sans doute un peu jeune pour entamer tout seul son premier voyage en terre étrangère…

C'est pourquoi nous comptons sur vous pour l'accompagner dans cette heureuse et passionnante découverte. Lisez, chantez et jouez avec lui. Son apprentissage n'en sera que plus ludique, vivant et profitable, et toute la maisonnée ne tardera pas à retentir des joyeuses chansons de cette petite comédie musicale.

Pour vous aider, si cela est nécessaire, la traduction complète des chansons figure à la fin du livre, et vous trouverez ci-dessous les numéros des séquences chanson / karaoké.

Que l'espagnol devienne ainsi un plaisir pour tous… et bon apprentissage !

© Assimil, 2006
ISBN : 978-2-7005-3028-5

j'apprends
l'espagnol
en chantant

je chante

je joue

je comprends

je Parle

ASSiMiL®
Jeunesse

¿Qué hora es?

¡Mi-ra el re-loj! Tic-tac, tic-tac, ¿Qué ho-ra es? Tic-tac, tic-tac.

Es la u____na, tic-tac, tic-tac, Son las dos,____
Son las cin____co, tic-tac, tic-tac, Son las seis,____

tic-tac, tic-tac, Son las tres,____ tic-tac, tic-tac, Son las cua____tro,
tic-tac, tic-tac, Son las siete,____ tic-tac, tic-tac, Son las o____cho,

tan-tan. cu-cú, cu-cú. Son las nue____ve, tic-tac, tic-tac,

Son las diez,____ tic-tac, tic-tac, Son las on____ce, tic-tac, tic-tac.

¡Es me-dio dí-a! ¡Bue-nos dí-as!____ ¡Es me-dia no-che! ¡Bue-nas no-ches!____

4

vocabulaire

Voici quelques traductions pour t'aider à comprendre

¿Qué hora es?	Quelle heure est-il ?
el reloj	la pendule
uno, dos, tres,	un, deux, trois
cuatro, cinco, seis	quatre, cinq, six
siete, ocho, nueve	sept, huit, neuf
diez, once	dix, onze
mediodía, medianoche	midi, minuit
¡Buenos días! ¡Buenas noches!	Bonjour ! Bonne nuit !

¡Mira el reloj!
Tic-tac, tic-tac,
¿Qué hora es?
Tic-tac, tic-tac. } (bis)

Es la **una**, tic-tac, tic-tac,
Son las **dos**, tic-tac, tic-tac,
Son las **tres**, tic-tac, tic-tac,
Son las **cuatro**, tan-tan.
Son las **cinco**, tic-tac, tic-tac,
Son las **seis**, tic-tac, tic-tac,
Son las **siete**, tic-tac, tic-tac,
Son las **ocho**, cucú, cucú.
Son las **nueve**, tic-tac, tic-tac,
Son las **diez**, tic-tac, tic-tac,
Son las **once**, tic-tac, tic-tac.

¡Es mediodía! ¡Buenos días!
¡Es medianoche! ¡Buenas noches!

5

IX

IV

8

III

¡Despiértate!

Ya son las seis, ¡Des-piér——ta-te! ¡Le-ván-ta-te!
¡Des-piér——ta-te! ¡Le-ván-ta-te! ¡Des-piér——ta-te!
¡Ven-ga, ar-ri-ba! "¡Bue-nos dí-as!"—— - Ya son las seis,
dí-as!"—— "¡Bue-nos dí-as!"——

vocabulaire

¡Despiértate!	Réveille-toi !
Son las seis.	Il est six heures.
¡Levántate!	Lève-toi !
¡Arriba!	Debout !

chanson n°2

Ya son las seis,
¡Despiértate!
¡Levántate!
¡Despiértate!
¡Levántate!
¡Despiértate!
¡Venga, arriba!

«¡Buenos días!»

✳ (4 fois en tout)

¡Pasadlo bien hoy!

Bue - nos ___ días, ___ fa - mi - lia, ¡Pa - sa - dlo bien hoy! ___

Bue - nos ___ días, ___ fa - mi - lia, Bue - nos dí - as, os di - go.

(5 fois la reprise)
(+1/2 ton à chaque fois à partir de la troisième fois)

Reporte-toi à la page 32 du livre pour colorier l'image

chanson n°3

Buenos días, **familia**,
¡Pasadlo bien hoy!
Buenos días, familia,
Buenos días, os digo.

Buenos días, **mamá**,
¡Pásatelo bien hoy!
Buenos días, mamá,
Buenos días, te digo.

Buenos días, **papá**,
¡Pásatelo bien hoy!
Buenos días, papá,
Buenos días, te digo.

Buenos días, **hermano**,
¡Pásatelo bien hoy!
Buenos días, hermano,
Buenos días, te digo.

Buenos días, **hermana**,
¡Pásatelo bien hoy!
Buenos días, hermana,
Buenos días, te digo.

vocabulaire

la familia	la famille
¡Pásatelo bien hoy!	Passe une bonne journée aujourd'hui !
os digo	je vous dis
mamá	maman
papá	papa
el hermano	le frère
la hermana	la sœur

En el baño

¡En___tra en el ba - ño! ¡Y a - bre el gri - fo a - sí! Co-

ge el ce - pi - llo de dien - tes, ¡Lá - va - te los dien - tes a -

sí! Ar - ri - ba___ y a - ba___ jo___ Ar - ri -

ba___ y a - ba___ jo___ Ar - ri - ba___ y a - ba___ jo___

___ Ar - ri - ba___ y a - ba___ jo Ar - ri - jo

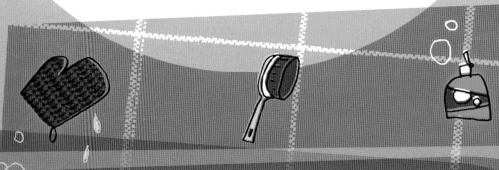

¡Entra en el baño!	¡Entra en el baño!
¡Y abre el grifo así!	¡Y abre el grifo así!
Coge el cepillo de dientes,	Ahora coge la manopla,
¡Lávate los dientes así!	¡Y lávate así!
Arriba y abajo, \} (8 fois)	Arriba y abajo, \} (8 fois)
Arriba y abajo	Arriba y abajo

vocabulaire

¡Entra en el baño!	Va dans la salle de bains !
¡Abre el grifo!	Ouvre le robinet !
así	comme ça
cepillo de dientes	brosse à dents
¡Lávate los dientes!	Lave-toi les dents !
arriba y abajo	en haut et en bas
¡Coge la manopla!	Prends ton gant de toilette !
¡Lávate!	Lave-toi !

El desayuno

Di - me lo que quie - res Pa - ra de - sa - yu - nar,____

¿Quie - res u - nas tos - ta____das Pa - ra de - sa - yu - nar?____

(4 fois la reprise)

¿Quie - res u - nas tos - ta____das?____ Va - le, Va - le.

¡¡Nooooo, gra - cias!! ¡¡Nooooo, gra - cias!!

Dime lo que quieres
Para desayunar,
Dime lo que quieres
Para desayunar.

¿Quieres unas tostadas
Para desayunar?
¿Quieres unas tostadas?
Vale, vale.

¿Quieres pan
Para desayunar?
¿Quieres pan?
Vale, vale.

¿Quieres mantequilla
Para desayunar?
¿Quieres mantequilla?
Vale, vale.

¿Quieres mermelada
Para desayunar?
¿Quieres mermelada?
Vale, vale.

¿Y un poco de pescado frito
Para desayunar?
¿Y un poco de pescado frito?
¡¡Nooooo, gracias!!
¡¡Nooooo, gracias!! } (bis)

vocabulaire

el desayuno	le petit déjeuner
la tostada	la tranche de pain grillé
el pan	le pain
la mantequilla	le beurre
la mermelada	la confiture
pescado frito	du poisson frit
Vale.	D'accord.

Es hora de ir al cole

¡Da-te pri-sa! ¡Da-te pri-sa! Es hora de ir al co-le. ¡Da-te
pri-sa! ¡Da-te pri-sa! Es hora de ir al co-le. ¡Pon-te los za-
pa-tos, __ va-mos al co-le-gio! ¡Pon-te la cha-que-ta, __ va-mos al co-
le-gio! ¡Da-te pri-sa! ¡Da-te pri-sa! Es hora de ir al co-
le. ¡Da-te pri-sa! ¡Da-te pri-sa! Es hora de ir al co-le.
¡Co-ge la car-te-ra, va __ mos al co-le-gio! ¡Cier-ra la
puer-ta, va __ mos al co-le-gio! ¡Da-me la ma-no, va __ mos al co-
le-gio! ¡Da-te pri-sa! ¡Da-te pri-sa! Es hora de ir al co-le. ¡Da-te

vocabulaire

el cole /el colegio	l'école
¡Date prisa!	Dépêche-toi !
Es hora de ir al cole.	C'est l'heure d'aller à l'école.
¡Ponte los zapatos!	Mets tes chaussures !
¡Ponte la chaqueta!	Mets ta veste !
¡Coge la cartera!	Prends ton cartable !
¡Vamos al cole/Vamos al colegio!	Nous allons à l'école !
¡Cierra la puerta!	Ferme la porte !
¡Dame la mano!	Donne-moi la main !
Dí "¡Adiós!"	Dis "Au revoir !"

¡Date prisa! ¡Date prisa! Es hora de ir al cole. (bis)

¡Ponte los zapatos, vamos al colegio!
¡Ponte la chaqueta, vamos al colegio!

¡Date prisa! ¡Date prisa! Es hora de ir al cole. (bis)

¡Coge la cartera, vamos al colegio!
¡Cierra la puerta, vamos al colegio!
¡Dame la mano, vamos al colegio!
¡Date prisa! ¡Date prisa! Es hora de ir al cole.

¡Date prisa! ¡Date prisa! Es hora de ir al cole. (bis)

¡Ponte los zapatos, vamos al colegio!
¡Ponte la chaqueta, vamos al colegio!

¡Date prisa! ¡Date prisa! Es hora de ir al cole. (bis)

¡Coge la cartera, vamos al colegio!
¡Cierra la puerta, vamos al colegio!
¡Dame la mano, vamos al colegio!
¡Date prisa! ¡Date prisa! Es hora de ir al cole.

¡Date prisa! ¡Date prisa! ¡Ponte los zapatos!
¡Date prisa! ¡Date prisa! ¡Ponte la chaqueta!
¡Date prisa! ¡Date prisa! ¡Coge la cartera!
¡Date prisa! ¡Date prisa! ¡Cierra la puerta!   } (bis)
¡Date prisa! ¡Date prisa! ¡Dame la mano!
¡Date prisa! ¡Date prisa! ¡Y dí "Adiós"!
"¡Adiós!"

En el colegio

A - bre el li - bro y mí-ra - lo, Mí - ra - lo, mí - ra - lo,

(6 fois la reprise)

A - bre el li - bro y mí-ra - lo, Y di - me lo que ves.

Reporte-toi à la page 34 du livre pour colorier l'image

Abre el libro y míralo,
Míralo, míralo,
Abre el libro y míralo,
Y dime lo que ves.

¿Que hay en el libro,
En el libro, en el libro?
¿Que hay en el libro?
Un dibujo es.

¡Coge las pinturas
Una a una, una a una!
¡Coge las pinturas!
¡Ponte a pintar!

¡Píntalo de rojo y azul!
¡Usa el verde también!
¡Píntalo de rojo y azul!
¡Pinta todo así!

¡Píntalo con cuidado,
Con cuidado, con cuidado!
¡Píntalo con cuidado,
Sin salirte de la raya!

Muy bien, muy bien,
¡Qué bien lo haces!
Muy bien, muy bien,
¡Qué bien lo haces!
} (bis)

vocabulaire

¡Abre el libro!	Ouvre ton livre !
¡Míralo!	Regarde-le !
Dime lo que ves.	Dis-moi ce que tu vois.
¿Qué hay en el libro?	Qu'est-ce qu'il y a dans le livre ?
un dibujo	un dessin
pinturas	des crayons de couleur
¡Ponte a pintar!	Mets-toi à colorier !
rojo, azul, verde	rouge, bleu, vert
Píntalo con cuidado.	Colorie-le avec soin.
¡Muy bien!	Très bien !

Gimnasia

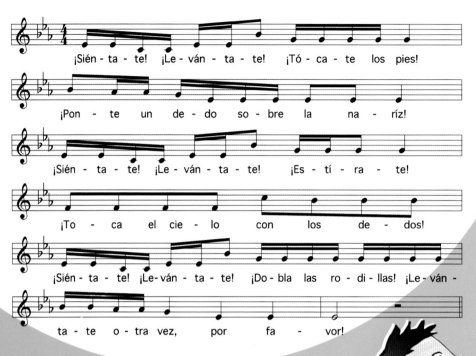

¡Sién - ta - te! ¡Le - ván - ta - te! ¡Tó - ca - te los pies!

¡Pon - te un de - do so - bre la na - ríz!

¡Sién - ta - te! ¡Le - ván - ta - te! ¡Es - tí - ra - te!

¡To - ca el cie - lo con los de - dos!

¡Sién - ta - te! ¡Le - ván - ta - te! ¡Do - bla las ro - di - llas! ¡Le - ván -

ta - te o - tra vez, por fa - vor!

¡Siéntate! ¡Levántate! ¡Tócate los pies!
¡Ponte un dedo sobre la naríz!
¡Siéntate! ¡Levántate! ¡Estírate!
¡Toca el cielo con los dedos!
¡Siéntate! ¡Levántate! ¡Dobla las rodillas!
¡Levántate otra vez, por favor!

(l'ensemble 3 fois)

vocabulaire

la gimnasia	la gymnastique
¡Siéntate!	Assieds-toi !
¡Tócate los pies!	Touche tes pieds !
¡Pónte un dedo sobre la naríz!	Mets ton doigt sur ton nez !
¡Estírate!	Étire-toi !
¡Toca el cielo!	Touche le ciel !
los dedos	les doigts
¡Dobla las rodillas!	Plie les genoux !

¡Es el recreo!

Ya pue-do ju-gar!, ¡Huuuuuuur-ra!   Cor-ro, gri-to, ¡Hur-ra! ¡Hur-ra!

Sal-to, gri-to, ¡Hur-ra! ¡Hur-ra!   Me en-can-ta ju-

gar, ¡Huuuuuuur-ra!   Me gus-ta el re-creo, Me en-can-ta ju-

gar, ¡Ju-ga-rí-a___ To-do el dí-a!___ Me gus-ta el re-creo, Me

en-can-ta ju-gar, ¡Ju-ga-rí-a To-do el dí-a!___

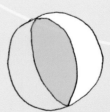

Ya puedo jugar, ¡Huuuuuurra!
Corro, grito, ¡Hurra! ¡Hurra!
Salto, grito, ¡Hurra! ¡Hurra!
Me encanta jugar, ¡Huuuuuurra!

Me gusta el recreo,
Me encanta jugar,   } (bis)
¡Jugaría
Todo el día!

(L'ensemble 2 fois)

chanson n°9

vocabulaire

Ya puedo jugar	Maintenant je peux jouer
Corro	Je cours
Grito	Je crie
Salto	Je saute
Me encanta jugar	J'adore jouer
Me gusta el recreo	J'aime la récréation
¡Jugaría todo el día!	J'aimerais jouer toute la journée !

La lluvia y el sol

Pon- te el im- per- me- a ____ ble, ¡Llue- ve o - tra vez! ____
Co- ge el pa- ra ____ guas, ¡Llue- ve o - tra vez! ____

Pón- te- lo por- que ¡Llue- ve o- tra vez! ____ ¡No, o- tra vez no!
Co- ge el pa- ra- guas, ¡Llue- ve o- tra vez! ____ ¡No, o- tra vez no!

El im- per- me- a - ble, Quí- ta- te - lo, ____

Ya bril- la el sol, Quí- ta- te- lo, ____ ¡Qué bien! ¡Qué bien! ____

vocabulaire

¡Ponte el impermeable!	Mets ton imper !
¡Llueve otra vez!	Il pleut à nouveau !
¡Coge el paraguas!	Prends ton parapluie !
¡Quítatelo!	Enlève-le !
Brilla el sol.	Le soleil brille.
¡Qué bien!	C'est super !

chanson n°10

Ponte el impermeable,
¡Llueve otra vez!
Póntelo porque
¡Llueve otra vez!
¡No, otra vez no!

Coge el paraguas,
¡Llueve otra vez!
Coge el paraguas,
¡Llueve otra vez!
¡No, otra vez no!

El impermeable,
Quítatelo,
Ya brilla el sol,
Quítatelo,
¡Qué bien! ¡Qué bien! } (bis)

Televisión

Son las cin-co, La me-rien-da me co-mí, Y a-ho-ra ten-go tiem-po pa-ra mí. Y a-ho-ra ten-go tiem-po pa-ra mí. ¡Qué gus-to da sen-tar-se a ver Te-le-vi-sión, te-le-vi-sión! ¡Qué te-le-vi-sión!

Son las cinco,
La merienda me comí,
Y ahora tengo tiempo para mí. (bis)

¡Qué gusto da sentarse a ver
Televisión, televisión! } (bis)

Me siento en el suelo
O en el sofá,
Callado debo estar
Para ver la tele. } (bis)

¡Qué gusto da sentarse a ver
Televisión, televisión! } (b

Cuando me siento,
Mi mamá me pregunta
«¿Estás listo
Para ver la tele?» } (bis)

¡Qué gusto da sentarse a ver
Televisión, televisión! } (

chanson n°11 — vocabulaire

televisión	la télévision
Son las cinco.	Il est cinq heures.
la merienda	le goûter
Ahora tengo tiempo para mí.	Maintenant, j'ai du temps pour moi.
ver la tele	regarder la télé
Me siento en el suelo	Je m'assois par terre
en el sofá	sur le canapé
¿Estás listo? / ¿Estás lista?	Tu es prêt ? / Tu es prête ?

La bañera

A-gua ca-lien-te y ja-bón, A-gua ca-lien-te y ja-bón,

¡Qué ex-ce-len-te ma-ne-ra De ter-mi-nar el dí-a, Con

Fin

a-gua ca-lien-te y ja-bón! Me gus-tan las bur-

bu-jas,____ Me gus-ta la es-pon-ja tam-bién,

Me gus-ta el a-gua ca-lien-te,____ Pe-ro

¡No me gus-ta el cham-pú! Pe-ro ¡No me gus-ta el cham-pú!

vocabulaire

la bañera	la baignoire
agua caliente	de l'eau chaude
jabón	savon
Qué excelente manera	Voilà une bonne façon
terminar el día	finir la journée
las burbujas	les bulles
la esponja	l'éponge
el champú	le shampoing
me gusta / no me gusta	j'aime / je n'aime pas

Agua caliente y jabón,   (bis)
¡Qué excelente manera
De terminar el día,
Con agua caliente y jabón!
Agua caliente y jabón,
¡Qué excelente manera
De terminar el día,
Con agua caliente y jabón!
(3 fois)

Me gustan las burbujas,
Me gusta la esponja también,
Me gusta el agua caliente,
Pero ¡No me gusta el champú!   (bis)
(2 fois)

✳¿Dónde está mi oso de peluche?

¿Has vis-to a mi o-so de pe-lu____che?____ No es-tá en nin-gu-na par____

____te, No es-tá en mi ca-ma, No es-tá en la sil-la, No

es-tá en el ar-ma-rio, No es-tá en nin-gu-na par____te.____

¿Dón-de es-tá? Por fa-vor, a-yú____da-me, Si no lo en-cuen____tro__ ¡No me

voy a dor-mir!____ ¿Dón-de es-tá? Por fa-vor, a-yú____da-me, Si

no lo en-cuen____tro__ ¡No me voy a dor-mir!__ ¡No me voy a dor-mir!__

vocabulaire

¿Dónde está?	Où est... ? / où est-il ?
oso de peluche	nounours
¿Has visto (a) mi oso de peluche?	As-tu vu mon nounours ?
No está en ninguna parte.	Il n'est nulle part.
la cama	le lit
la silla	la chaise
el armario	l'armoire
¡Por favor ayúdame!	Aide-moi, s'il te plaît !
Si no lo encuentro	Si je ne le trouve pas
No me voy a dormir.	Je n'irai pas au lit.

chanson
n°13

¿Has visto a mi oso de
peluche?
No está en ninguna parte,
No está en mi cama,
No está en la silla,
No está en el armario,
No está en ninguna parte.

¿Dónde está?
Por favor, ayúdame,
Si no lo encuentro
¡No me voy a dormir!

¿Dónde está?
Por favor, ayúdame,
Si no lo encuentro
¡No me voy a dormir!
¡No me voy a dormir!

(l'ensemble 2 fois)

Si quelqu'un veut jouer avec toi, il cache ton nounours dans ta chambre. Ferme tes yeux et ne triche pas ! Quand il est prêt, il fait entendre la chanson. Si tu te rapproches de l'endroit où est caché ton nounours, il monte le son du CD, si tu t'en éloignes, il baissera le son jusqu'à ce que tu le trouves.

¡Buenas noches!

Cuan - do lle - ga la no - che___ Y la lu - na bril - la,___
Los ni - ños pe___que - ños___ Se van a la ca - ma,___

En dul - ces al - moha - das___ Sus ca - be - ci - tas des - can___ san.___

Duér - me - te, ca - ri - ño,___ Cier - ra los o - ji___ tos,

Duer - me has - ta ma - ña - na,___ Y ten dulces sue - ños, co - ra - zón.

(4 fois)

Cuan - do lle - ga la no - che___

chanson nº14

Cuando llega la noche
Y la luna brilla,
Los niños pequeños
Se van a la cama,
En dulces almohadas
Sus cabecitas descansan.

Duérmete, cariño,
Cierra los ojitos,
Duerme hasta mañana,
Y ten dulces sueños, corazón.
(l'ensemble 2 fois)

Cuando llega la noche   (4 fois)

30

Buenos días, **familia**,
¡Pasadlo bien hoy!
Buenos días, familia,
Buenos días, os digo.

Buenos días, **mamá**,
¡Pásatelo bien hoy!
Buenos días, mamá,
Buenos días, te digo.

Buenos días, **papá**,
¡Pásatelo bien hoy!

Buenos días, papá,
Buenos días, te digo.

Buenos días, **hermano**,
¡Pásatelo bien hoy!
Buenos días, hermano,
Buenos días, te digo.

Buenos días, **hermana**,
¡Pásatelo bien hoy!
Buenos días, hermana,
Buenos días, te digo.

Do ne-moi des couleurs

¡Pasadlo bien hoy!

Abre el libro y míralo,
Míralo, míralo,
Abre el libro y míralo,
Y dime lo que ves.

¿Que hay en el libro,
En el libro, en el libro?
¿Que hay en el libro?
Un dibujo es.

¡Coge las pinturas
Una a una, una a una!
¡Coge las pinturas!
¡Ponte a pintar!

¡Píntalo de rojo y azul!
¡Usa el verde también!
¡Píntalo de rojo y azul!
¡Pinta todo así!

¡Píntalo con cuidado,
Con cuidado, con cuidado!
¡Píntalo con cuidado,
Sin salirte de la raya!

Muy bien, muy bien,
¡Qué bien lo haces!   (bis)
Muy bien, muy bien,
¡Qué bien lo haces!

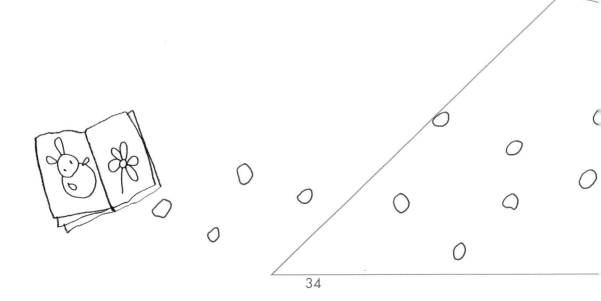

34

Donne-moi des couleurs

En el colegio

Traductions des chansons

¿Qué hora es? Quelle heure est-il ?

Regarde la pendule !
Tic, tac, tic, tac,
Quelle heure est-il ?
Tic, tac, tic, tac.

Il est une heure, tic, tac, tic, tac.
Il est deux heures, tic, tac, tic, tac.
Il est trois heures, tic, tac, tic, tac.
Il est quatre heures, ding, dong !
Il est cinq heures, tic, tac, tic, tac.
Il est six heures, tic, tac, tic, tac.
Il est sept heures, tic, tac, tic, tac.
Il est huit heures, coucou, coucou !
Il est neuf heures, tic, tac, tic, tac.
Il est dix heures, tic, tac, tic, tac.
Il est onze heures, tic, tac, tic, tac.

Il est midi ! Bonjour !

Il est minuit ! Bonne nuit !

¡Despiértate! Réveille-toi !

Il est six heures,
Réveille-toi ! Lève-toi !
Réveille-toi ! Lève-toi !
Réveille-toi !
Allez, debout !

"Bonjour !"

(4 fois)`

¡Pasadlo bien hoy! *Bonne journée !*

Bonjour, ma famille,
Passez une bonne journée !
Bonjour, ma famille,
Bonjour, je vous dis.

Bonjour, maman,
Passe une bonne journée !
Bonjour, maman,
Bonjour, je te dis.

Bonjour, papa,
Passe une bonne journée !

Bonjour papa,
Bonjour, je te dis.

Bonjour mon frère,
Passe une très bonne journée !
Bonjour mon frère,
Bonjour, je te dis.

Bonjour ma sœur,
Passe une très bonne journée !
Bonjour ma sœur,
Bonjour, je te dis.

En el baño *Dans la salle de bains*

Va dans la salle de bains,
Et ouvre le robinet, comme ça !
Prends ta brosse à dents,
Lave-toi les dents, comme ça !

De haut en bas,
De haut en bas...

Va dans la salle de bains,
Et ouvre le robinet, comme ça !
Maintenant prends ton gant
Et lave-toi, comme ça !

De haut en bas,
De haut en bas...

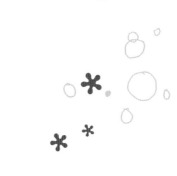

El desayuno — *Le petit déjeuner* — chanson n° 5

Dis-moi ce que tu veux
Pour ton petit déjeuner,
Dis-moi ce que tu veux
Pour ton petit déjeuner.

Veux-tu du pain grillé
Pour ton petit déjeuner ?
Veux-tu du pain grillé ?
D'accord, d'accord.

Veux-tu du pain
Pour ton petit déjeuner ?
Veux-tu du pain ?
D'accord, d'accord.

Veux-tu du beurre
Pour ton petit déjeuner ?
Veux-tu du beurre ?
D'accord, d'accord.

Veux-tu de la confiture
Pour ton petit déjeuner ?
Veux-tu de la confiture ?
D'accord, d'accord.

Et un peu de poisson frit
Pour ton petit déjeuner ?
Et un peu de poisson frit ?
Oh, non, merci !
Oh, non, merci !

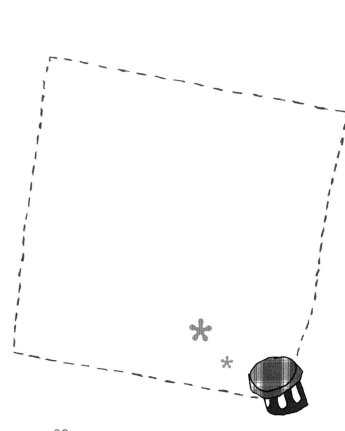

Es hora de ir al cole

C'est l'heure d'aller à l'école

Dépêche-toi, dépêche-toi, c'est l'heure d'aller à l'école. (bis)

Mets tes chaussures, nous allons à l'école !
Mets ta veste, nous allons à l'école !

Dépêche-toi, dépêche-toi, c'est l'heure d'aller à l'école. (bis)

Prends ton cartable, nous allons à l'école !
Ferme la porte, nous allons à l'école !
Donne-moi la main, nous allons à l'école !

Dépêche-toi, dépêche-toi, c'est l'heure d'aller à l'école. (bis)

Mets tes chaussures, nous allons à l'école !
Mets ta veste, nous allons à l'école !

Dépêche-toi, dépêche-toi, c'est l'heure d'aller à l'école. (bis)

Prends ton cartable, nous allons à l'école !
Ferme la porte, nous allons à l'école !
Donne-moi la main, nous allons à l'école !

Dépêche-toi, dépêche-toi, c'est l'heure d'aller à l'école.

Dépêche-toi, dépêche-toi, mets tes chaussures !
Dépêche-toi, dépêche-toi, mets ta veste !
Dépêche-toi, dépêche-toi, prends ton cartable !
Dépêche-toi, dépêche-toi, ferme la porte !
Dépêche-toi, dépêche-toi, donne-moi la main !
Dépêche-toi, dépêche-toi, et dis "Au revoir !"
"Au revoir !"

En el colegio À l'école *chanson n° 7*

Ouvre ton livre et regarde-le,
Regarde-le, regarde-le,
Ouvre ton livre et regarde-le,
Et dis-moi ce que tu vois.

Qu'est-ce qu'il y a dans le livre,
Dans le livre, dans le livre ?
Qu'est-ce qu'il y a dans le livre ?
C'est un dessin.

Prends tes crayons
Un par un, un par un,
Prends tes crayons,
Mets-toi à colorier !

Mets du rouge et du bleu,
Mets du vert aussi !
Mets du rouge et du bleu,
Colorie tout ainsi !

Colorie-le avec soin,
Avec soin, avec soin,
Colorie-le avec soin,
Sans dépasser !

C'est très bien, c'est très bien,
Comme tu le fais bien !
C'est très bien, c'est très bien,
Comme tu le fais bien !

Gimnasia *La gymnastique*

Assieds-toi ! Lève-toi ! touche tes pieds !
Mets un doigt sur ton nez !
Assieds-toi ! Lève-toi ! Étire-toi bien haut !
Touche le ciel avec tes doigts !
Assieds-toi ! Lève-toi ! Plie les genoux !
Lève-toi encore, s'il te plaît !

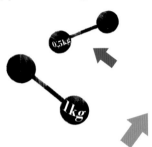

¡Es el recreo! *C'est la récré !*

Maintenant je peux jouer, youpiiii !
Je cours, je crie, youpi, youpi !
Je saute, je crie, youpi, youpi !
J'adore jouer, youpi, youpi !

J'aime la récré,
J'adore jouer,
J'aimerais jouer
Toute la journée !

Maintenant je peux jouer, youpiiii !
Je cours, je crie, youpi, youpi !
Je saute, je crie, youpi, youpi !
J'adore jouer, youpi, youpi !

J'aime la récré,
J'adore jouer,
J'aimerais jouer
Toute la journée !

La pluie et le soleil

Enfile ton imper,
Voilà qu'il pleut encore !
Enfile-le, parce que
Voilà qu'il pleut encore !
Oh non, pas encore !

Prends ton parapluie,
Voilà qu'il pleut encore !
Prends ton parapluie,
Voilà qu'il pleut encore !
Oh non, pas encore !

Ton imper,
Enlève-le,
Il y a du soleil !
Enlève-le,
C'est super !
C'est super !

Televisión La télévision chanson n° 11

Il est cinq heures,
J'ai pris mon goûter
Maintenant je peux
Faire ce que je veux. } (bis)

J'aime m'asseoir
Et regarder } (bis)
La télé, la télé !

Je m'assois par terre
Ou sur le canapé
Je dois me taire
Pour voir la télé } (bis)

J'aime m'asseoir
Et regarder } (bis)
La télé, la télé !

Quand je m'assois
Maman me demande,
"Est-ce que t'es prêt
À regarder la télé ?" } (bis)

J'aime m'asseoir
Et regarder } (4 fois)
La télé, la télé !

La bañera Dans le bain chanson n° 12

Eau chaude et savon,
Eau chaude et savon,
Voilà une bonne façon
De finir la journée,
Avec de l'eau chaude et du savon !
Eau chaude et savon !
Voilà une bonne façon
De finir la journée,
Avec de l'eau chaude et du savon !

Les bulles, j'aime ça,
L'éponge aussi, j'aime ça,
L'eau chaude, j'aime ça,
Mais le shampoing, j'aime pas !

¿Dónde está mi oso de peluche? *chanson n° 13*

Où est mon nounours ?

Tu as vu mon nounours ?
Il n'est nulle part,
Il n'est pas sur mon lit,
Il n'est pas sur la chaise,
Il n'est pas dans le placard,
Il n'est nulle part.
Où est-il ?
Aide-moi, s'il te plaît,
Si je ne le trouve pas,
Je n'irai pas au lit ! } (bis)

¡Buenas noches! *Bonne nuit !* *chanson n° 14*

Lorsque vient la nuit,
et que la lune brille,
Les petits enfants
Vont dans leur lit,
Sur des oreillers douillets,
Ils posent leur petite tête fatiguée.

Endors-toi, mon amour,
Ferme tes petits yeux,
Dors jusqu'à demain
Et fais des rêves heureux, mon cœur.

Lorsque vient la nuit.

Les chansons, le vocabulaire et les jeux sont interprétés par Mari Carmen, Imogen, Loïc, Ines, Alejandro et Natalia, dirigés par Dilys Barré. Les chansons sont écrites par Jeanette Loric et Jean-François Leroux - Adaptation : Carmen Doltz. Réalisation et direction artistique : Jean-François Leroux - Partitions de J.M. Corgeron - Illustrations et maquette couverture : Michiyo Deruelles